DANIEL SIQUEIRA
Organizador

Novena de São Vicente de Paulo

DIREÇÃO EDITORIAL: Pe. Fábio Evaristo R. Silva, C.Ss.R.
COORDENAÇÃO EDITORIAL: Ana Lúcia de Castro Leite
COPIDESQUE: Cristina Nunes
REVISÃO: Luana Galvão
DIAGRAMAÇÃO E CAPA: Tiago Mariano

Textos bíblicos extraídos da *Bíblia de Aparecida*, Editora Santuário, 2006.

ISBN 82-7200-621-4

1ª impressão: 1999
6ª impressão

Todos os direitos reservados à **EDITORA SANTUÁRIO** – 2016

Composição, CTcP, impressão e acabamento:
EDITORA SANTUÁRIO - Rua Padre Claro Monteiro, 342
12570-000 - Aparecida-SP - Fone: (12) 3104-2000

São Vicente de Paulo

Vicente de Paulo nasceu em Pouy, no sul da França, no dia 24 de abril de 1581. Era o terceiro dos seis filhos de um casal dono de uma pequena propriedade rural. Dotado de grande capacidade e inteligência, aos 14 anos, Vicente foi enviado para estudar no seminário Franciscano de Dax. Posteriormente seguiu para Toulouse, onde foi ordenado padre em 1600, tendo apenas 19 anos.

Em 1605, durante uma viagem de navio, sua embarcação foi atacada por piratas turcos. Vicente foi feito prisioneiro, sendo levado como escravo para a Tunísia, regressando à França somente dois anos depois. Depois de um período em seu país, Vicente partiu para Roma onde se formou em Direito Canônico. Retornando novamente à França, estabeleceu-se em Paris, onde tomou parte na corte de Rei Henrique IV. Ao visitar um hospital, conheceu o padre Pierre de Bérulle, futuro arcebispo de Paris, de quem se tornou amigo. Em 1611, foi nomeado pároco da pequena localidade Clichy, nos arredores de Paris, realizando ali um brilhante trabalho.

A pedido do padre Pierre de Bérulle, Vicente de Paulo tornou-se preceptor e capelão na propriedade da família Gondi. Foi nesta condição, de preceptor e capelão dos Gondi, principalmente ao perceber a pobreza e a miséria do povo que vivia nas terras pertencentes a essa família, que padre Vicente viveu um profundo processo de conversão em sua vida, fazendo com que ele deixasse sua confortável posição para trabalhar na paróquia de Chatillon les Dombes. Nessa localidade, ele fundou, em 1617, com ajuda de algumas senhoras, a Confraria das Damas da Caridade, que tinha como missão ajudar e dar assistência aos pobres e miseráveis.

Em 1619, padre Vicente foi nomeado capelão das galeras, embarcações de pequeno porte, movidas tanto à vela quanto a remo. Os remadores eram, geralmente, presos condenados que viviam em condições subumanas: foi a estes que padre Vicente deu assistência. Em 1625, foi fundada a Congregação da Missão, ou Lazaristas, uma Congregação religiosa que São Vicente criou para a evangelização dos camponeses franceses. No ano de 1633, com ajuda de Luiza de Marillac, fundou a Congregação das Filhas da Caridade, cujo objetivo era trabalhar nos hospitais, asilos e em outras obras de assistência aos pobres.

As Confrarias da caridade, idealizadas por São Vicente, rapidamente se espalharam por toda a França, tornando-se uma grande obra de assistência aos pobres franceses do século XVII, atingidos pela longa guerra e por diversas crises econômicas e políticas.

São Vicente morreu em Paris, em 1660, aos 79 anos. Foi canonizado em 1737, tornando-se padroeiro das obras de caridade. Rezemos a ele pedindo a graça de termos sempre um coração sensível às necessidades, às dores e aos sofrimentos daqueles que mais precisam.

Oração inicial

— Em nome do Pai, do Filho e do Espírito Santo. Amém!

Elevando o meu coração neste momento, dirijo-me ao Senhor pedindo a graça de celebrar com fé e piedade esta novena dedicada a São Vicente de Paulo. Quero, por meio desta minha oração, alcançar a graça de ter um coração mais sensível à necessidade daqueles que mais precisam. Que eu possa cada vez mais crescer na prática da solidariedade e da caridade. Bendito seja Deus para sempre!

Oração: Ó Deus, que inspirastes em São Vicente de Paulo o desejo de vos servir nos mais pobres e desvalidos, fazei com que eu, inspirado no exemplo desse modelo de caridade, possa também vos servir e amar de todo o coração, sendo um sinal de vossa presença ao lado dos que sofrem. Isso vos peço, por Cristo Nosso Senhor. Amém!

Oração final

Ao concluir esta novena, dirijo-me a Deus clemente, rezando a oração ensinada por Jesus: **Pai Nosso, que estais nos céus...**

Oração: Ó Pai, que por meio de vosso Filho Jesus, ensinastes à vossa Igreja que todos os mandamentos se resumem no amor a Deus e ao próximo, concedei-me, a exemplo de São Vicente Paulo, ter um coração aberto às necessidades dos irmãos e das irmãs, principalmente daqueles que estão mais necessitados. Que eu aprenda a acolhê-los, amá-los, e que, por meio de minha solidariedade, possam perceber o imenso amor que tendes por todos os vossos filhos e vossas filhas. Assim seja, amém!

A Nossa Senhora, Mãe da caridade, mulher sempre disponível e prestativa, a primeira discípula de Jesus, agora me dirijo, pedindo que me ajude a perseverar em meus propósitos. Por isso rezo: **Ave, Maria, cheia de graça...**

Que venha sobre mim e sobre toda a humanidade, a bênção do Deus misericordioso e caridoso. Em nome do Pai, do Filho e do Espírito. Amém!

1º Dia
Vocação para amar e para servir

1. Oração inicial *(p. 6)*

2. Palavra de Deus *(Jr 1,4-8)*

Foi me dirigida a palavra do Senhor nestes termos: "Antes que eu te formasse no seio materno, eu te conhecia, antes que saísses do ventre, eu te consagrei; eu te estabeleci profeta das nações". Respondi: "Ah! Senhor, eu não sei falar, pois ainda sou criança". Mas o Senhor me disse: "Não digas: Sou criança, mas vai àqueles aos quais eu te mandar e anuncia o que eu te ordenar. Não os temas, porque estou contigo para te livrar".

— Palavra do Senhor!

3. Refletindo a Palavra

A passagem bíblica acima narra a história da vocação do profeta Jeremias, um dos grandes profetas do Antigo Testamento. Assim como Jeremias, todos somos chamados a uma vocação. Para São Vicente de Paulo não foi diferente. Ele era filho de camponeses, no interior da França, e, desde criança, ajudava nos trabalhos da pequena propriedade rural de seus pais. Aos 14 anos, foi enviado ao seminário franciscano e, quando completou 19 anos, foi ordenado sacerdote. O jovem padre tinha grandes ambições para sua vida e, por isso, prosseguiu seus estudos.

Deus chama e a resposta depende de cada um. Por vezes fazemos nossos próprios planos, mas Deus tem seus desígnios e vai, aos poucos, fazendo a sua vontade acontecer na vida daquele que Ele chama.

4. Vivendo a Palavra

a) Qual é o chamado de Deus para mim?

b) Preocupo-me em realizar a vontade de Deus em minha vida?

5. Oração final *(p. 7)*

2º Dia
Presença discreta de Deus em nossa vida

1. Oração inicial *(p. 6)*

2. Palavra de Deus *(Mc 4,26-29)*
Jesus dizia: "O Reino de Deus é como um homem que joga a semente na terra: quer durma, quer esteja acordado, de noite ou de dia, a semente germina e cresce, sem que ele saiba como. É por si mesma que a terra produz primeiro a planta, depois a espiga e, por fim, a espiga cheia de trigo. E, quando o fruto amadurece, mete logo a foice, porque chegou o tempo da colheita".
—Palavra da Salvação!

3. Refletindo a Palavra
Tal como a semente que, depois de plantada, vai, aos poucos, crescendo e se transformando sem notarmos, assim também acontece com a ação de Deus na nossa vida. A vida de São Vicente foi marcada por um lento processo de transfor-

mação. Tudo começou quando o então padre Vicente assumiu a paróquia de Clichy, nos arredores de Paris. Desde que foi ordenado, aquela foi a primeira vez que exerceu o ministério em uma paróquia. Ali, ele celebrava, visitava os doentes, ministrava catequese, atendia confissões e cuidava da administração paroquial. Esse trabalho muito agradava o jovem padre e o fazia sentir-se realizado. Quando deixou a paróquia para ser capelão da família Gondi, sempre que possível, também atendia o povo pobre daquela região. Vicente, percebendo a pobreza daquelas pessoas que viviam sem nenhum tipo de assistência, começou a viver uma conversão radical que o levara a entregar-se totalmente aos pobres.

4. Vivendo a Palavra

a) Quais são os sinais da presença de Deus em minha vida?

b) Tenho me esforçado para ter minha conversão pessoal?

5. Oração final *(p. 7)*

3º Dia
A ternura e a força da misericórdia

1. Oração inicial *(p. 6)*

2. Palavra de Deus *(Mt 5,1-9)*
Vendo a multidão, Jesus subiu à montanha. Sentou-se, e seus discípulos aproximaram-se dele. Começou então a falar e os ensinava assim: "Felizes os pobres em espírito, porque é deles o Reino dos Céus. Felizes os que choram, porque Deus os consolará. Felizes os não violentos, porque receberão a terra como herança. Felizes os que têm fome e sede de justiça, porque Deus os saciará. Felizes os misericordiosos, porque conseguirão misericórdia. Felizes os de coração puro, porque verão a Deus. Felizes os que promovem a paz, porque Deus os terá como filhos".
– Palavra da Salvação!

3. Refletindo a Palavra
As bem-aventuranças trazem o ideal do Reino anunciado por Jesus. Nelas estão presentes os va-

lores do amor, da paz e da misericórdia. A vivência deles constitui um elemento fundamental na vida dos cristãos. Certa vez, São Vicente de Paulo foi atender um pobre moribundo já quase morto. Ao encontrá-lo, após ouvir a sua confissão e lhe ministrar os sacramentos, o padre sentiu dentro de si um profundo desejo de dedicar-se integralmente ao serviço dos mais pobres e desvalidos. Esse foi um momento decisivo em sua vida e, a partir dali, ele jamais foi o mesmo. Deixou sua função de capelão e foi trabalhar nos arredores Lyon, na paróquia de Chatillon les Dombes. Nessa localidade, fundou, em 1617, a Confraria da Caridade, formada por senhoras da nobreza que passaram a auxiliar os pobres e miseráveis com auxílio material e espiritual. Esse movimento rapidamente se espalhou por toda a França. A caridade é uma força que contagia as pessoas levando-as a promover o bem.

4. Vivendo a Palavra

a) Como tenho agido com as pessoas à minha volta?

b) Tenho um olhar de ternura e misericórdia diante do sofrimento das pessoas?

5. Oração final *(p. 7)*

4° Dia
Vida dedicada aos pobres

1. Oração inicial *(p. 6)*

2. Palavra de Deus *(Lc 4,14-20)*

Com a força do Espírito Santo, voltou Jesus para a Galileia, e sua fama espalhou-se por toda a região. Ensinava nas sinagogas e era glorificado por todos. Foi a Nazaré, lugar onde tinha sido criado. No sábado, segundo seu costume, entrou na sinagoga e levantou-se para fazer a leitura. Foi-lhe dado o livro do profeta Isaías. Desenrolando o livro, encontrou a passagem onde estava escrito: "O Espírito do Senhor está sobre mim, porque me ungiu para evangelizar os pobres, mandou-me anunciar aos cativos a libertação, aos cegos a recuperação da vista, pôr em liberdade os oprimidos e proclamar um ano de graça do Senhor". Depois enrolou o livro, entregou-o ao servente e sentou-se. Todos na sinagoga tinham os olhos voltados para ele.

— Palavra da Salvação!

3. Refletindo a Palavra

Esse trecho do Evangelho de Lucas é a síntese do que Jesus realizou em sua vida pública. Sua proposta do Reino incluiu, principalmente, aqueles que estavam à margem da sociedade de seu tempo. Jesus foi ao encontro dessas pessoas para anunciar-lhes a Boa-Nova. São Vicente também teve essa mesma intuição. A partir daquele marcante encontro com o homem moribundo, passou a se dedicar totalmente aos mais pobres e o fez em variados campos de atuação: exerceu o ofício de capelão das galeras, visitou os prisioneiros, pregou missões nas áreas rurais, assistiu os doentes nos hospitais e criou as confrarias de caridade que rapidamente se espalharam por toda a França. A todos esses Vicente levava, além da ajuda e da assistência material, também uma palavra de ternura e de acolhida, falando sempre da compaixão e do amor de Deus pela humanidade.

4. Vivendo a Palavra

a) Como reajo diante da miséria e pobreza existentes no mundo?

b) Sou um cristão ativo que concretiza a fé por meio de obras?

5. Oração final *(p. 7)*

5º Dia
A caridade que se multiplica

1. Oração inicial *(p. 6)*

2. Palavra de Deus *(Mt 4,18-22)*
Andando junto ao mar da Galileia, Jesus viu dois irmãos: Simão, chamado Pedro, e André, seu irmão. Estavam lançando a rede ao mar, pois eram pescadores. Jesus disse-lhes: "Segui-me, e vos farei pescadores de homens!" Eles deixaram logo suas redes e o seguiram. Mais adiante viu outros dois irmãos: Tiago, filho de Zebedeu, e João, seu irmão. Estavam na barca com seu pai Zebedeu, consertando as redes. Jesus os chamou. Eles logo deixaram a barca e o pai e o seguiram.
– Palavra da Salvação!

3. Refletindo a Palavra
Em sua vida pública Jesus não esteve só, pois se acercou de discípulos que estavam com ele a todo momento. Após a morte do mestre, foram

eles que prosseguiram com a missão de anunciar tudo aquilo que Jesus havia ensinado.

O apostolado de São Vicente também foi rapidamente ganhando adeptos: pessoas que como ele queriam, de alguma maneira, ajudar os pobres e miseráveis. Assim surgiu a Confraria das Damas de Caridade. Mas era necessário muito mais. Por isso, em 1625, São Vicente fundou a Congregação da Missão (Lazaristas ou padres e irmãos Vicentinos), destinada à pregação, à catequese e à ajuda aos pobres. Ainda com o auxílio da nobre Luiza de Marillac, nasceu em 1633 a Congregação das Filhas da Caridade, para oferecer assistência aos pobres desvalidos nos hospitais e asilos etc. Por meio dessas Congregações religiosas e pelas associações de caridade, o povo pobre agora tinha a quem recorrer.

4. Vivendo a Palavra

a) Como tenho ajudado aquelas iniciativas de promoção e auxílio aos mais pobres?

b) Quando pratico a caridade, faço por qual motivo?

5. Oração final *(p. 7)*

6º Dia
Os pobres no lugar de Cristo

1. Oração inicial *(p. 6)*

2. Palavra de Deus *(Mt 25,31-36)*

Disse Jesus: "Quando o Filho do homem voltar em sua glória, acompanhado de todos os seus anjos, irá sentar-se em seu trono glorioso. Todas as nações se reunirão diante dele, e ele separará as pessoas umas das outras, como o pastor separa as ovelhas dos cabritos. Porá as ovelhas a sua direita e os cabritos a sua esquerda. Então o rei dirá aos que estiverem à direita: 'Vinde, benditos de meu Pai, recebei em herança o reino que vos está preparado desde a criação do mundo. Pois eu estive com fome e me destes de comer, estive com sede e me destes de beber, fui estrangeiro e me acolhestes, estive nu e me vestistes, fiquei doente e me visitastes, estive na prisão e me fostes ver'".

– Palavra da Salvação!

3. Refletindo a Palavra

Em sua vida pública, Jesus sempre esteve rodeado por aqueles que as leis de seu tempo excluíam e marginalizavam econômica e religiosamente. Foi no meio desses que Jesus realizou os seus milagres e revelou o rosto misericordioso de Deus.

São Vicente viveu uma profunda conversão ao deparar-se com a pobreza extrema ao seu redor. Dizia que Cristo escolheu do meio dos pobres os seus apóstolos e que foram os pobres os primeiros a acolherem a sua mensagem. Vicente descobriu que Cristo subsiste na pessoa do pobre, do miserável e marginalizado. Acolher Jesus significa também acolher estes que estão à margem. São Vicente dizia que Deus ama os pobres e aqueles que os amam.

4. Vivendo a Palavra

a) Consigo reconhecer Cristo no rosto dos pobres sofredores?

b) Como reajo diante das situações de injustiça e exclusão?

5. Oração final *(p. 7)*

7º Dia
Amor afetivo e amor eficaz

1. Oração inicial *(p. 6)*

2. Palavra de Deus *(1Cor 13,4-10)*

O amor é paciente; o amor presta serviço; o amor é sem inveja; não se vangloria, nem se incha de orgulho. Não age com baixeza, não é interesseiro; não se irrita, não leva em conta o mal recebido. Não se alegra com a injustiça, mas se compraz com a verdade. Tudo suporta, tudo crê, tudo espera, tudo vence. O amor jamais se enfraquece; mas as profecias serão destruídas, o dom das línguas cessará e a ciência será destruída. Pois nosso conhecimento é limitado e limitada é nossa profecia. Mas quando vier o que é perfeito, será destruído o que é limitado.

– Palavra do Senhor!

3. Refletindo a Palavra

Essa passagem da carta de São Paulo aos Coríntios reflete sobre a força do amor, que é capaz de resistir às mais diferentes intempéries e de promover a restauração de nossa vida. Em seus escritos, São Vicente fala de dois tipos de amor que o cristão deve vivenciar em sua vida. O primeiro deles é o amor afetivo, que o faz amar e o faz também se sentir amado por Deus: esse amor pode ser facilmente demonstrado pelos gestos de carinho e de ternura para com o outro. Já o segundo amor é o eficaz e se traduz não somente nos gestos de ternura, mas também em uma ação efetiva de amor com o outro, principalmente quando este é desvalido e necessitado de nossa ajuda.

São Vicente sempre conclamava os seus companheiros, dizendo: "do amor afetivo é preciso passar ao amor efetivo, isto é, à pratica das obras de caridade, ao serviço dos pobres, empreendido com alegria, coragem, constância e amor".

4. Vivendo a Palavra

a) Na minha vida cristã, testemunho o amor de Deus por meio de gestos de acolhida e solidariedade?

b) Comprometo-me com a luta pela justiça social?

5. Oração final *(p. 7)*

8º Dia
Amar a Deus é amar aos pobres

1. Oração inicial *(p. 6)*

2. Palavra de Deus *(2Tm 4,6-8)*

Quanto a mim, meu sangue está para ser derramado em libação, e o momento de minha partida chegou. Combati o bom combate, terminei minha corrida, guardei a fé. Agora só me resta a coroa da justiça que o Senhor, justo juiz, me dará naquele dia; e não somente a mim, mas também a todos os que aguardam com amor sua manifestação.

– Palavra do Senhor!

3. Refletindo a Palavra

Essa passagem da carta de São Paulo a Timóteo, escrita já no final da vida do grande apóstolo dos gentios, mostra-nos que sua missão estava cumprida e que ele havia feito tudo que podia por Cristo e pelo Evangelho. Essa mesma passagem pode-se também aplicar a São Vicente, que até o fim de sua vida dedicou-se totalmente aos pobres e sofredores. As suas obras assistenciais muito ajudaram o povo francês no século XVII, atingido por uma longa guerra, com efeitos catastróficos, por problemas econômicos e crises políticas, que afligiam, principalmente, os mais pobres.

São Vicente morreu em 1660, aos 79 anos. Foi declarado santo pelo Papa Clemente XII em 1737. Por causa de seu zelo apostólico, São Vicente de Paulo foi proclamado o padroeiro das obras de caridade. É conhecido como "Pai dos pobres", "Gigante da Caridade" e "Arauto da Ternura e da Misericórdia".

4. Vivendo a Palavra

a) O que mais me chama atenção na vida de São Vicente?

b) O que mais preciso aprender com o exemplo de São Vicente?

5. Oração final *(p. 7)*

9º Dia
Um exemplo para o nosso tempo

1. Oração inicial *(p. 6)*

2. Palavra de Deus *(Tg 2,14-18)*

Meus irmãos, de que adianta alguém dizer que tem fé se não tiver as obras? Acaso esta fé poderá salvá-lo? Se um irmão ou uma irmã estiverem sem roupa e sem o alimento diário, e alguém de vós lhes disser: "Ide em paz, aquecei--vos e comei bastante" – sem lhes dar o necessário ao corpo –, de que adianta? Assim também a fé, se não tiver obras, está totalmente morta. Mas alguém poderá dizer: "Tu tens a fé e eu tenho as obras". Mostra-me tua fé sem as obras, mas eu, é pelas obras que te mostrarei minha fé.

– Palavra do Senhor!

3. Refletindo a Palavra

Desde o início, as primeiras comunidades cristãs sempre tiveram a prática da caridade como uma de suas marcas mais profundas. Nelas a fé se traduzia de modo concreto na forma de caridade e amor com os irmãos. Por isso, como nos diz o livro dos Atos dos apóstolos, entre eles não havia necessitados (At 4,34). Impelido pela caridade cristã e diante da situação de pobreza e indigência do povo dos bairros mais pobres da Paris do século XIX, um jovem estudante católico, chamado Frederico Ozanam, decidiu junto com outros companheiros fazer algo por aquela gente. Desse modo nascia, em 1833, a Conferência da Caridade, destinada a levar assistência material e espiritual aos mais pobres. O grupo se colocou sob a proteção do grande patrono da caridade, São Vicente Paulo, que inspirou os ideais do movimento. Essa conferência, posteriormente, mudou seu nome para Sociedade São Vicente de Paulo, hoje presente em muitos lugares do mundo.

4. Vivendo a Palavra

a) O que posso fazer para aliviar o sofrimento dos mais pobres e sofredores?

b) Conheço o trabalho dos Vicentinos e procuro de alguma forma ajudá-los?

5. Oração final *(p. 7)*

Índice

São Vicente de Paulo.. 3

Oração inicial.. 6

Oração final... 7

1º dia: Vocação para amar e para servir 9

2º dia: Presença discreta de Deus em nossa vida ... 11

3º dia: A ternura e a força da misericórdia 13

4º dia: Vida dedicada aos pobres 15

5º dia: A caridade que se multiplica 18

6º dia: Os pobres no lugar de Cristo 20

7º dia: Amor afetivo e amor eficaz 22

8º dia: Amar a Deus é amar aos pobres 25

9º dia: Um exemplo para o nosso tempo 27